NOTICE

BIOGRAPHIQUE ET HISTORIQUE

SUR

FEU M. DELPON, DE LIVERNON,

Ex-Député du Lot, Président du Tribunal de 1.re instance de Figeac,
et Membre de plusieurs Sociétés savantes, etc. ;

PAR M. LE BARON

Chaudruc de Crazannes,

Ancien Magistrat, Officier de l'Université Royale de France, de
plusieurs Académies nationales et étrangères, etc.

Cahors :

COMBARIEU, IMPRIMEUR DE LA PRÉFECTURE.
1834.

NOTICE

BIOGRAPHIQUE ET HISTORIQUE

SUR

FEU M. DELPON, DE LIVERNON.

UNE grande lumière vient de s'éteindre dans notre France méridionale. Le 24 novembre 1833 est mort à Figeac (dép.t du Lot), à la suite d'une courte maladie, M. *Jacques-Antoine Delpon*, de Livernon, né à Livernon, chef-lieu de canton de cet arrondissement, d'une famille de propriétaires aisés et honorables, le 22 octobre 1778 ; chevalier de l'Ordre Royal de la Légion d'Honneur, ancien membre de la Chambre des Députés, ancien maître des requêtes au Conseil d'État, ancien procureur du roi près le Tribunal de première instance de Figeac; président actuel du même siége, membre du Conseil général du Lot, des Sociétés d'Agriculture et de presque tous les établissemens philantropiques et de bienfaisance de ce département; correspondant du Conseil Supérieur d'Agriculture, établi près du ministre du commerce ; de la Société Royale et Centrale d'Agriculture de la Seine, de l'ancienne Académie Celtique, des Sociétés Royales des Antiquaires, de Géologie, de Statistique de France, de l'Académie des Sciences, Inscriptions et Belles-Lettres de Toulouse, de la Société Archéologique du Midi, et enfin d'un grand nombre d'associations agricoles, industrielles, etc., du royaume.

Après s'être fait remarquer dans ses premières études à Figeac, et ensuite à Cahors, sous la direction MM. Agar (depuis comte de Mosbourg, son collégue à la chambre des députés, au conseil général, et son constant ami], l'abbé Ramel, Brunies, professeurs justement renommés de l'école centrale du Lot, et après avoir professé lui-même, pendant deux ans, un cours de littérature dans ce gymnase, M. Delpon se rendit, fort jeune encore, à Paris, où il fréquenta, avec autant de succès que d'assiduité, les leçons de l'Ecole centrale du Panthéon. Il y obtint plusieurs prix, et s'y lia d'une amitié qui dura autant que sa vie, avec le tribun Boisjoslin, poëte, publiciste et administrateur distingué, titulaire de la chaire d'histoire de cet établissement (1). Peu après, lorsqu'en l'absence des écoles de droit, s'élevèrent dans cette capitale l'Académie de législation et l'Université de jurisprudence, notre compatriote, qui se destinait à la carrière du barreau, suivit avec un égal avantage leurs cours, professés par MM. Lacretelle, aîné, Bexon, Pigeau, Challan, etc., et il y eut pour amis, pour condisciples et pour émules, MM. Solon, D'Auch, Jouanneau, de St.-Jean-d'Angely, etc., savans jurisconsultes et magistrats, qui ne l'ont précédé que de bien peu de jours dans la tombe. A ces études sérieuses et d'état, M. Delpon joignait déjà, sous les plus habiles maîtres de l'époque, celles des sciences naturelles, qui étaient comme le délassement des premières.

L'élève de l'Académie de législation, assimilé aux licenciés en droit, fut reçu avocat en vertu de l'article 17 de la loi du 22 ventôse an XII.

De retour dans sa patrie, notre concitoyen y exerça sa noble profession de la manière la plus brillante, comme la plus loyale. Sa réputation et ses succès l'appelèrent bientôt aux importantes fonctions du ministère public près du tribunal de Figeac, où il fut nommé procureur impérial par décret du 3 ventôse an XIII.

A la formation du grand duché de Berg, et plus tard, à l'organisation du royaume de Naples, et lorsqu'un des plus illustres enfans du département du Lot et des plus braves compagnons du grand Napoléon, reçut l'investiture de ces deux souverainetés, M. Delpon fut successivement appelé par le roi Joachim Murat aux fonctions de secrétaire général du conseil-d'état de ces états, pour qu'il composât ces deux corps. Cette place avait bien plus d'éclat et d'importance que celle de modeste chef du parquet du tribunal de Figeac, mais M. Delpon voulut rester magistrat français, se rappelant à-propos ce mot de M. Hector Daure: « *Il vaut mieux être* » *simple maître des requêtes en France, que ministre à Naples.* »

Maintenu dans ses fonctions de procureur du roi pendant la première et la seconde restauration et dans les cent jours de 1815, il n'en fut violemment écarté qu'à cette époque de tristes réactions politiques, qui suivit la chute du second ministère Richelieu. Rendons pourtant cette justice à un ministre sur qui pèse aujourd'hui le poids d'une haute infortune, et qu'on força d'être alors l'exécuteur de cette mesure inique, qu'il lutta pendant huit mois contre cette exigeance d'un parti dont il était débordé, en disant à ceux qui voulaient la lui imposer: « *On ne se détermine pas facilement à destituer un homme du mérite de M. Delpon.* » Il le fut néanmoins par une ordonnance portant la date du 9 avril 1823; mais en perdant sa place, il reconquit l'indépendance et la liberté, si précieuses à l'homme de lettres. Était-ce les acheter trop chèrement? La disgrâce le rendit tout entier à ses travaux scientifiques et à ses doctes et studieux loisirs, dont les fruits ont été si glorieux pour sa réputation, et si utiles à son pays. Il continua à servir ses concitoyens avec le même zèle éclairé, le même courage et le même désintéressement, soit dans son cabinet comme jurisconsulte, conseiller et conciliateur officieux, soit au conseil général du département, au conseil municipal de Figeac, soit enfin dans les administrations gratuites et de bienfaisance, et dans les sociétés agricoles du Lot, où il exerçait une si grande et si salutaire influence par ses lumières et son active coopération.

Nous nous abstiendrons de rappeler ici de déplorables rivalités politiques, de fâcheux débats judiciaires et une polémique envenimée, qui ayant pris naissance un peu avant cette époque, éclatèrent avec une nouvelle violence, vers le tems dont nous parlons, entre deux hommes honorables, faits pour s'estimer et se rendre justice, et qu'antérieurement des rapports de position sociale, de goûts, d'études, avaient rapprochés.... Jetons un voile sur des dissentimens dont les résultats furent funestes au pays autant qu'à leurs auteurs, et ne troublons pas le silence de la tombe qui s'est ouverte prématurément pour recevoir ses deux victimes (2).

Dans sa retraite fructueuse, une des premières et principales occupations de M. Delpon, fut de recueillir, de mettre en ordre et de compléter les immenses matériaux de la statistique ancienne et moderne du département du Lot, qui ne fut imprimée qu'en 1831, en deux forts volumes *in-4°*, aux frais du département et du ministère de l'intérieur (Cahors, imp. de *G. Richard*). Précédemment à cette impression, en 1821, la partie de ce grand et important ouvrage, *la Statistique*, proprement dite, fut adressée par son auteur à l'Académie des sciences de l'Institut, et en obtint un des prix *Monthyon*. L'Académie des inscriptions et belles-lettres, à qui fut communiquée en même tems la partie relative aux antiquités celtiques, romaines et du moyen-âge, et à l'histoire locale, lui décerna une des trois médailles d'or mises à sa disposition par le ministre de l'intérieur, qu'elle accorde annuellement aux archéologues qui ont fait parvenir les meilleurs mémoires sur ces sortes de recherches.

La Statistique du Lot, couronnée par deux académies de l'Institut, est peut-être le meilleur ouvrage, le plus savant, le plus consciencieux et le plus complet en ce genre, publié en France depuis trente ans. Presque tous les journaux se sont plu à en rendre ce témoignage qui lui avait déjà été accordé par l'Institut.

Nous ne pouvons nous refuser au plaisir comme au devoir de rapporter ici les propres termes dans lesquels la commission d'histoire et d'antiquités nationales de l'Académie des inscriptions s'exprimait sur la seconde partie de la statistique du Lot, dans son rapport lu devant cette Académie, dans sa séance publique du 20 juillet 1821 : « L'ouvrage de » M. Delpon sur le département du Lot vous est déjà connu, » Messieurs, par le compte développé qui vous en a été » rendu par un des membres de votre commission, dans » votre séance du 23 février 1821.

» M. Delpon a décrit, avec une exactitude rare, les mo-
» numens de tous les âges que présente la partie du dépar-
» tement du Lot qu'il a visitée, et il a accompagné cette des-
» cription de dessins très-exacts des objets les plus curieux.
» Il a distribué ses recherches d'une manière méthodique
» et selon la nature et la destination des monumens ; dans
» le rapport qui vous a été fait, il est dit que ce travail est
» aussi complet qu'on pouvait le désirer..... L'ouvrage de
» M. Delpon, fruit de sept années de recherches assidues,
» dans lequel se fait toujours remarquer un excellent juge-
» ment, de la sagacité et un esprit très-méthodique, est un
» des plus remarquables de tous ceux que votre commission
» a eu à examiner. »

Dans un second rapport relatif aux ouvrages sur des sujets d'histoire et d'antiquités, adressés à l'Académie pour le concours de 1823, cette même commission s'exprimait ainsi sur la suite des travaux archéologiques de M. Delpon : « M. Del-
» pon a répondu aux encouragemens que vous lui avez
» donnés (la médaille d'or décernée en prix au concours

» de 1824), et il vous a envoyé un nouveau mémoire sur le
» département du Lot, qui fait suite à son premier travail,
» et qui se recommande par les mêmes caractères de pré-
» cision, d'exactitude et de méthode. »

Tandis que M. Delpon élevait ce monument, vraiment
national, à la gloire du département qui s'honore à si juste
titre de lui avoir donné le jour, il s'occupait d'un autre
grand labeur qui manquait à l'histoire des institutions judiciaires des tems anciens et modernes; nous voulons parler
de son *Essai sur l'histoire de l'action publique et du ministère public*, qui a paru en 1830, en deux volumes in-8.°
(Cahors, impr. de *G. Richard*), ouvrage de science profonde et de savantes recherches, qui doit prendre sa place
obligée dans la bibliothèque de tous les magistrats.

A la suite du second volume de l'Essai sur l'histoire de
l'action publique, l'auteur a placé un mémoire intitulé :
Essai en faveur de la liberté des cultes, couronné, en 1826,
par la société de morale chrétienne instituée à Paris. Ce petit
traité, qui a pour épigraphe ces paroles de St.-Grégoire : « *Le
service de Dieu doit être volontaire* », offre les principes de la
plus douce tolérance, puisée dans l'esprit même de la religion
chrétienne, et dans les principes des pères et des plus illustres docteurs de l'Eglise. Il se recommande par une éloquence entraînante.

Ces palmes académiques ne furent pas les seules recueil-
lies par M. Delpon, dans le cours de son honorable disgrâce.
En 1824, ce savant obtint de la Société royale et centrale
d'agriculture de la Seine, dont il était le correspondant pour
l'arrondissement de Figeac, la médaille d'or à l'effigie
d'Olivier de Serres, à l'occasion de l'envoi qu'il avait fait à
cette compagnie de sa notice biographique sur M. Henri de
Richeprey, ancien directeur des opérations cadastrales de la
Haute-Guienne, ordonnées par son assemblée provinciale,
administration tutélaire, qui a laissé tant de précieux souvenirs et de regrets mérités dans le Rouergue et le Quercy.
La Société centrale d'agriculture fit imprimer, par extrait, cet
ouvrage dans le recueil de ses mémoires, avec le rapport très-
favorable que lui en firent ses commissaires (année 1824,
Paris, impr. de Mme veuve *Huzard*, in-8·). En 1833, la
notice sur M. De Richeprey fut réimprimée en entier dans
l'Annuaire départemental du Lot (Cahors, imprimerie de
Combarieu).

La même année, l'Académie royale des sciences, inscriptions et belles-lettres de Toulouse, ayant mis au concours cette question : « Peut-on se flatter, sans l'étude des langues » anciennes, d'être mis au rang des bons écrivains ?—Et, » dans le cas où l'on soutiendrait la négative, l'étude de la » langue latine peut-elle suppléer à celle de toute autre ? » L'année suivante [1824], le prix fut accordé à M. Delpon, qui prouva éloquemment et en homme à qui l'étude des anciens était familière, qu'elle est indispensable à l'écrivain moderne ; mais qu'à la rigueur, la connaissance de la langue d'Horace et de Virgile, de Cicéron et de Tacite, suffit pour le former. Cette compagnie ne se borna point à couronner le discours de M Delpon ; elle s'associa l'auteur en qualité de membre correspondant [voyez le procès-verbal de la séance publique de l'Académie royale des sciences, etc., de Toulouse, tenue le 16 août 1825. — Toulouse, imprimerie de *J.-M. Douladoure*, *in*-8º, 1825].

Plusieurs mémoires de M. Delpon, sur des sujets relatifs à l'art agricole, à l'économie rurale, etc., ont enrichi les recueils publiés par les Sociétés d'Agriculture de Cahors, de Figeac et de Gourdon, les Annuaires et *l'Abeille* du Lot, journal consacré à l'agriculture, aux sciences physiques et naturelles, dont il fut pendant sa trop courte durée le principal rédacteur et le soutien.

On doit encore à la plume érudite et féconde de **M. Delpon** les compositions suivantes : *Réponse à l'Opuscule sur l'Agriculture du département du Lot. In-4.º— Observations sur l'écrit intitulé : Suite à l'Opuscule sur l'agriculture du département du Lot.* (Même format. — Cahors, imprimerie de *Combarieu* —Figeac, imprimerie de *Lacroix*, 1815—1816). *Essai sur la position d'Uxellodunum*, *in*-8.º, inséré dans l'Annuaire du département du Lot pour 1832 (Cahors, imprimerie de *Combarieu*).

Ce savant morceau de critique historique et d'archéologie fut composé à la suite des fouilles que notre auteur fit exécuter aux frais de l'administration départementale, à Capdenac, en 1815, de concert avec ses compatriotes et ses amis, **M. Champollion-Figeac** et **M. Champollion**, le jeune, dont la perte récente a été si funeste à la science archéologique.

La révolution de juillet rendit M. Delpon, de Livernon, à la carrière politique et aux fonctions publiques. Après les grands événemens de 1830, M. Sirieys de Mayrinhac ayant donné sa démission de député du Lot, M. Delpon, son ancien compétiteur, fut élu à sa place, à une très-grande majorité, par le collége électoral de l'arrondissement de Figeac, le 21 octobre de cette année. Aux élections générales de la suivante (1832), ce collége lui continua son mandat Dans le cours des sessions où M. Delpon siégea à la Chambre, il émit à la tribune plusieurs opinions remarquables. Ce fut sur sa proposition qu'en 1831, cette assemblée imposa l'obligation au ministre de l'intérieur de rendre désormais publics, par la voie de l'impression, et de lui faire connaître annuellement les noms des auteurs encouragés par des souscriptions ministérielles, les titres des ouvrages qui en seraient l'objet, et la somme allouée à chacun sur les fonds votés pour cette spécialité. On se rappelle encore la sensation que produisit le discours qu'il prononça dans la session de 1832, sur le budget du ministère de la justice, et particulièrement sur les dépenses du conseil-d'état, l'organisation actuelle de ce corps, ses attributions, sa composition, etc. C'était pour garder toute son indépendance dans cette grave question, qu'il avait précédemment donné sa démission des fonctions de maître-des-requêtes en service extraordinaire, attaché au comité des finances ; et plus tard, ce fut aussi pour être conséquent avec lui-même et par un sentiment délicat des convenances, qu'il refusa également le titre de maître des requêtes en service ordinaire, employé au comité du contentieux de la justice, que le ministre de ce département lui fit offrir.

Pendant ses séjours à Paris comme député, M. Delpon consacrait aux sciences et aux lettres tout le tems qui n'appartenait pas à la chambre et à ses compatriotes, dont les intérêts étaient devenus les siens. Il fréquenta particulièrement les séances hebdomadaires de la Société de géologie dont il était membre, et contribua à leur utilité par ses communications. Comme géologue, il était tout-à-fait à la hauteur de cette science, et il la devança même quelquefois ; et nous tenons de lui que l'extrême lenteur que son typographe mit à imprimer la Statistique du Lot, lui fit perdre la priorité de découvertes importantes, d'observations neuves, consignées dans la partie de ce grand ouvrage où la géologie de ce département est si savamment traitée. Ce fut particulièrement comme membre de la Société d'archéologie, qu'à la demande de ses plus illustres confrères, il reçut, en 1831, la décoration de la légion d'honneur, juste et tardive récompense de ses travaux et de ses services.

Frappé, dans la session de 1832, par l'influence cholérique qui régnait à Paris, sa constitution délicate en éprouva une atteinte dont elle ne put triompher, et qui détermina sans doute sa fin prochaine; aussi l'état de sa santé et les ménagemens qu'elle commandait l'obligèrent-ils à donner, en 1833, sa démission de membre de la chambre élective.

Déterminé à ne plus s'éloigner de sa famille, dont les soins lui devenaient indispensables, il renonça également à l'expectative d'une place de conseiller de cour royale, qui lui avait été promise par M. le garde-des-sceaux ; mais, sur ces entrefaites, celle de président du tribunal de première instance de Figeac, où il avait laissé de si honorables souvenirs, étant devenue vacante par la retraite du respectable M. Gach, le choix du gouvernement, d'accord avec le vœu des concitoyens et des anciens collègues de M. Delpon, se porta sur lui pour la remplir ; l'ordonnance de nomination porte la date du 30 mars 1833.

Dans le même tems, il acquit la certitude qu'il avait été présenté pour le titre de *correspondant* de l'Académie des sciences morales et politiques de l'Institut, pour la section d'économie politique de cette illustre compagnie.

Peu de jours avant sa mort, les concitoyens de M. Delpon lui avaient donné une nouvelle preuve de leur estime et de leur confiance, en lui renouvelant son mandat de membre du conseil général du Lot, qu'il tenait précédemment des gouvernemens de Louis XVIII, de Charles X et de Louis-Philippe.

Depuis plusieurs années, il travaillait à une histoire de la marche et des progrès de l'esprit humain dans les différens âges connus et chez les différens peuples du monde, divisée par grandes époques. Il avait aussi entrepris un roman historique et de mœurs du moyen-âge, qui aurait été d'un grand intérêt et tout *local* pour les habitans du Quercy. Les héros de cet ouvrage étaient un jeune seigneur, ou *Sire* de Castelnau-de-Bretenoux, et une *damoiselle* De Montal, dont les châteaux féodaux existent encore près de Bretenoux et

St.-Céré. Le sujet en était tiré d'une chronique ou histoire populaire fort touchante, et que la tradition a perpétuée dans le pays de l'ancienne vicomté de Turenne. Il laisse ces ouvrages manuscrits et incomplets, ainsi que plusieurs autres, au moyen desquels il pouvait espérer, comme le disait plaisamment son ami Champollion le jeune, en parlant de sa Grammaire égyptienne, *de faire tenir une carte de visite à la postérité.*

M. Delpon excellait surtout à traiter des sujets d'éloquence, et dont les développemens étaient favorables à ses mouvemens et à ses effets. Comme Buffon, il écrivait avec pompe, même sur des sujets d'histoire naturelle, etc. Alors ses descriptions avaient tout l'éclat des merveilles de la nature et de la création ; son style était noble, élevé, nourri d'images ; sa phrase était pleine, sonore, arrondie ; sa période nombreuse, harmonieuse et toute *Cicéronienne* ; sa pensée forte, profonde ; mais, peut-être, ne savait-il pas assez assouplir son style et en varier les tons et les formes, selon le précepte du maître (3), ce qui pouvait tenir à l'importance et à la hauteur de ses conceptions, et à la gravité de ses méditations habituelles. Toutefois, cet homme si éloquent, si poëte en prose, était insensible au charme des vers et tout-à-fait étranger ou plutôt rebelle à leur facture, à leur mécanisme comme indifférent à leur harmonie. Il était enfin privé du *sens* de la musique comme de celui de la poésie, ce qui lui donnait une ressemblance de plus avec l'académicien Terrasson, le brillant auteur du poëme en prose de *Sethos*, qui fut dans le tems comparé à Télémaque. On demandait au savant abbé, du reste aussi mauvais poëte que notre érudit quercinois, quel était l'effet que produisait sur lui la meilleure musique : « *celui*, répondit-il, *d'une poignée de clous que* « *l'on agiterait dans un poëlon.* »

Marié jeune à une épouse selon son cœur (4), il eut bientôt à déplorer sa perte (5). Elle lui laissa trois enfans vivans ; un fils qui promet de marcher sur les traces de son père, et deux filles, dont l'aînée a épousé M. Andral, ingénieur très-distingué du corps royal des ponts-et-chaussées, à la résidence de Figeac, et qui porte dignement un nom honoré à juste titre dans les sciences.

M. Delpon de Livernon lègue à sa famille, à ses nombreux amis, à son pays, de nobles et durables souvenirs de vertus publiques et privées, de patriotisme et de dévoûment. Toutefois, il eût été à désirer pour son bonheur qu'il n'eût point transporté dans le champ-clos de la politique cette sensibilité exaltée de l'homme de lettres, et même ce *genus irritabile*, sur les effets desquels ses ennemis et ses antagonistes spéculèrent trop souvent pour en faire le tourment de sa vie. Mais les extrêmes se touchaient chez cet homme si sensible, si irritable, et sa vie offrait un perpétuel contraste d'affections douces et de sentimens passionnés. Sa constitution était toute *Voltairienne*. Dans son intérieur, c'était le meilleur des fils, des pères, des époux et des maîtres: tendre, affectueux, patient, indulgent, et même faible. Irrésistiblement entraîné vers les goûts paisibles de l'étude, et particulièrement de celle de l'histoire naturelle, il n'était jamais plus heureux qu'au milieu de ses livres, de ses médailles, de ses minéraux, de ses fossiles, et surtout de ses fleurs chéries, qu'il cultivait, qu'il soignait avec assiduité et affection, et parmi lesquelles il vivait. Alors il eût pu dire, comme l'excellent Dupont de Nemours, et avec la même vérité naïve: « *Je serais bien fâché d'avoir offensé une rose* ».

Tel était pourtant celui que la langue des passions politiques, qui altère et corrompt tout, s'efforça, pendant plusieurs années, d'offrir aux habitans du département du Lot et au gouvernement de l'époque, souvent trop accessible à ses inspirations, sous les traits d'un chef de faction et d'un tribun séditieux, tandis que son opposition consciencieuse, éclairée et toute constitutionnelle, n'était que l'expression exacte des vœux et des besoins de la société française au dix-neuvième siècle, besoins qu'il était si digne de comprendre, et qu'interprêtaient fidèlement à ses yeux la pensée et les actes des ministères patriotes de 1819 et de 1828.... *Le Roi et la Charte*, indivisibles dans ses convictions et dans ses affections, et dont l'union, selon lui, pouvait seule faire la force et assurer la durée, furent toujours le cri de ralliement de M. Delpon, et comme le résumé de son symbole politique. Placé quelque tems, et en quelque sorte par l'unique fait de sa haute position sociale et littéraire, à la tête de l'opposition dans l'arrondissement de Figeac, il n'accepta ce dangereux honneur qu'autant qu'il ne lui coûterait le sacrifice d'aucun de ses principes, arrêtés et formulés à l'avance; aussi lorsque, plus tard, il fut dépassé par quelques-uns de ses anciens partisans les plus dévoués, il se contenta de dire, en s'en voyant délaissé : « *Je n'avais pas été* » *au-devant d'eux; ils étaient venus me trouver* ».... Heureuse modération ! Que ne pût-il toujours ainsi commander à un premier élan de sensibilité blessée, et à un premier sentiment d'injustice !!!

L'administration du Lot, qui le consultait si souvent et si utilement, et à laquelle il ne refusa jamais le concours de son zèle actif, de ses connaissances si positives, si vastes, si variées, et de sa longue expérience, fait dans M. Delpon une perte irréparable. On peut dire que sa mort est une véritable calamité publique : la population toute entière de la ville de Figeac, pénétrée de cette pensée, a assisté aux obsèques de son illustre concitoyen.

Le Baron CHAUDRUC De CRAZANNES,
ex-Sous-préfet de Figeac, ancien Maître des Requêtes en service ordinaire, attaché aux Comités de Législation de l'Intérieur et du Commerce, du Contentieux de la Justice, et à la Commission des Comptes du Trésor de la Liste civile, membre de plusieurs Sociétés savantes et d'archéologie nationales et étrangères, etc. etc.

NOTES.

(1) C'est de cette époque que datent les premières relations de l'auteur de cette notice avec M. Delpon ; elles eurent lieu sous les auspices et dans la maison de M. De Boisjoslin.

(2) Il faut pourtant reconnaître que M. Delpon fut rarement l'agresseur dans cette lutte de quinze années, et qu'il eut le plus à souffrir de ses résultats.

(3) M. Delpon dérogea néanmoins à sa manière habituelle, et prouva qu'il savait *passer du grave au doux, du plaisant au sévère,* dans ses deux réponses à l'auteur de l'opuscule sur l'agriculture du Lot ; modèle de critique fine et ironique, et de ce persifflage moitié gai, moitié âcre et mordant, qui rappelle le *ridiculum acri* du satirique romain, et dont l'effet était ici d'autant plus puissant qu'il s'appuyait, en général, sur de solides raisons et des faits certains.

(4) M. Delpon épousa, le 20 novembre 1811, Mlle Antoinette-Ursule Seguy, riche héritière, mais digne surtout, par ses vertus et ses talens, de lui être alliée.

(5) M.me Delpon mourut le 10 janvier 1816.

www.ingramcontent.com/pod-product-compliance
Lightning Source LLC
LaVergne TN
LVHW021109050726
842519LV00005B/1911